Martin-Luther-Universität Halle-Wittenberg

Philosophische Fakultät III – Erziehungswissenschaften

Institut für Pädagogik

„Denkstilgrenzen angesichts einer ‚entgleisenden'
Säkularisierung erkennen, ernstnehmen, überschreiten"
Modulleistung: Hausarbeit

eingereicht von: Jörg Anschütz

Rennbahnring 44, 06124 Halle

anschuetz1@aol.com

Studiengang: BA Erziehungswissenschaft 90

Matrikelnummer: 209205640

Modul: *Aspekte historisch-systematischer Erziehungswissenschaft*

Lehrveranstaltung: *Wissenschaft und Gesellschaft*

Dozent/-in: Prof. Dr. Christiane Thompson

Semester: SS 2011

Abgabedatum: 20.03.2012

1

Inhaltsverzeichnis

Gliederung

1 Vorschau   3

2 Durchschau   3

    2.1 Die Betrachtungsart des Denkstils an seinen Grenzen   3

    2.2 Die Frage der Säkularisierung   8

    2.3 Die Notwendigkeit der Korrelationalität   10

3 Ausschau   15

4 Literaturverzeichnis   17

5 Eigenständigkeitserklärung   18

1 Vorschau

Der soziale Zusammenhang bei der Hervorbringung wissenschaftlichen Wissens wird von Ludwik Fleck mithilfe eines anderen Modells beschrieben als beispielsweise von Thomas S. Kuhn. Dieses Flecksche Modell vom Denkstil und Denkkollektiv liefert auch Anhaltspunkte zu den Denkstilgrenzen. Diese sollen auf der Ebene der Betrachtungsart des Denkstils herausgearbeitet werden.

Mithilfe dieser Erkenntnisse soll auch die Frage der Säkularisierung als Frage des sozialen Wandels der Gesellschaft, als „entgleisende Säkularisierung"[1] an den Denkstilgrenzen ernst genommen werden können.

Forschungsfrage:

Welche Denkstilgrenzen sind ernst zu nehmen und wird ernsthaft mit ihnen umgegangen?

These:

Jürgen Habermas und Joseph Ratzinger liefern in ihrem Diskurs über die Dialektik der Säkularisierung auf der Ebene des Betrachtungsgegenstandes Gedankengänge ab, bei denen Ernsthaftigkeit im Umgang mit erkannten Denkstilgrenzen sichtbar wird und ein neuer Denkstil entsteht.

2 Durchschau

2.1 Die Betrachtungsart des Denkstils an seinen Grenzen

Das Modell vom Denkstil und Denkkollektiv von Ludwik Fleck, welches er in seiner Monographie[2] von 1935 entfaltet, ist geprägt von den Erfahrungen, die er als Mediziner gemacht hat. Dem entspricht sein ärztliches Denken, welches darauf ausgerichtet ist, bei einer Vielzahl von Krankheitsbildern den für den speziellen Fall notwendigen Heilungsansatz auszumachen.[3] Bei diesem Bemühen stößt er auf eine Lücke zwischen dem, was in den Büchern gelehrt wird und dem, was er tatsächlich beobachtet. Dies

---

[1] Zitiert aus: Habermas, Jürgen / Ratzinger, Joseph (2011,8.Auflage): Dialektik der Säkularisierung. Über Vernunft und Religion. Freiburg Basel Wien: Herder. 17

[2] Vgl. Fleck, Ludwik (1980): Entstehung und Entwicklung einer wissenschaftlichen Tatsache. In: Lothar Schäfer und Thomas Schnelle (Hg):StW 312. Frankfurt am Main: Suhrkamp

[3] Vgl. Fleck XIX

veranlasst ihn, den Tatsachenbegriff der logischen Empiristen kritisch zu hinterfragen.[4] Rudolf Carnap ist einer der Hauptvertreter des logischen Empirismus und Mitglied des Wiener Kreises. Ihm wünscht er: „er möge die soziale Bedingtheit des Denkens endlich entdecken. Dann wird er vom Absolutismus der Denknormen frei werden, freilich aber auf die ‚Einheitswissenschaft' verzichten müssen."[5] Wissenschaftliche Tatsachen sind nicht als fertige Bausteine zu verstehen, um aus „Gegebenem"[6] die Welt aufzubauen. Damit entsteht a priori, ein von vornherein feststehendes Gebäude aus dem von Erfahrungen unabhängigen Wissensbestand. Diese feststehenden Vorannahmen über den Gegenstand sind für Fleck epistemologisch unbefriedigend, da sie die ihm entgegen klaffende Lücke zwischen Buchwissen und tatsächlicher Beobachtung nicht schließen können. Hier bedarf es des Erfahrungswissens, der Empirie, dass durch sinnliche Wahrnehmung gewonnen werden kann und nicht von vornherein als feststehend und unabhängig von Erfahrung angenommen wird. „Diese Annahmen sind nach Fleck nicht a priori, sondern nur als soziologisches und historisches Produkt eines tätigen Denkkollektivs verständlich zu machen."[7] Mit Hilfe eigener bakteriologischer Studien kann Fleck nachweisen, dass es eine vorraussetzungslose Beobachtungs- und Betrachtungsart nicht gibt. Die Beschreibung und Bestimmung der Eigenschaften des zu Erkennenden wird von einem „System früherer Experimente und Entscheidungen geschleppt"[8]. Das vorraussetzungslose Beobachten lässt er „-psychologisch ein Unding, logisch ein Spielzeug-"[9] beiseite. Seine Betrachtungsart kennt zwei Typen, die auf einer Skala einen Übergang besitzen vom unklaren anfänglichen Schauen zum entwickelten unmittelbaren Gestaltsehen.[10] Mit diesem Übergang wird eine Grenze markiert, die hier als empirische Grenze des Denkstils bezeichnet wird, als Grenze zwischen willkürlicher und unwillkürlicher Erfahrung. Diese empirische Grenze soll nun genauer untersucht werden.

---

[4] Vgl.Fleck XX
[5] Zitiert aus: Fleck 121
[6] Zitiert aus: ebd.
[7] Zitiert aus: Fleck XXV
[8] Zitiert aus: Fleck 114
[9] Zitiert aus: Fleck 121
[10] Vgl. ebd.

Auf der Seite des unklaren anfänglichen Schauens ist es verworren und chaotisch, „widersprechende Stimmungen treiben das ungerichtete Sehen hin und her: Streit der gedanklichen Gesichtsfelder. Es fehlt das Tatsächliche, Fixe: man kann so oder so sehen, fast willkürlich. Es fehlt der Halt, der Zwang, der Widerstand , der ‚feste Boden der Tatsachen'".[11]

Auf der anderen Seite des entwickelten unmittelbaren Gestaltsehens erschließt sich unmittelbar eine geschlossene Einheit, die Sinn und Gestalt hat, gerichtetes Wahrnehmen erzeugt eine harmonische Stimmung, der Streit der Gesichtsfelder hat sich gelegt. Das Tatsächliche ist vorhanden, das Fixe. Man kann es immer noch so oder so sehen, jedoch nicht mehr willkürlich. Man ist unwillkürlich gezwungen sich für eine Tatsache zu entscheiden, um Halt, Widerstand und festen Boden auf dieser zu bekommen.

So wie Fleck kann man auf die Erkenntnisse der Gestaltpsychologie zurückgreifen[12] oder mithilfe dieser eigene Erfahrungen machen. Die Betrachtung eines Bildes (siehe Anlage) macht dies erlebbar. Was ist zu sehen ? Das Bild erscheint klar. Es erschließt sich unmittelbar das Profil einer Frau. Doch das Schauen kann verwirren, das ungerichtete hin und her des Sehens ein widersprüchliches Bild von einer alten Frau und einer jungen Frau erzeugen. Dies kann zu einem Streit der gedanklichen Gesichtsfelder führen, da man es so oder so sehen kann. In diesem Fall ist man gezwungen, seine Wahrnehmung auszurichten, entweder in Richtung der alten Frau oder in Richtung der jungen Frau, um den festen Boden der Tatsachen zu erreichen. Dabei kann man sich für die eine oder auch die andere Tatsache entscheiden. Muss es aber nicht. Unterwirft man sich hier dem „sozialen Denkzwang"[13] geht das widersprüchliche Bild verloren und damit die Tatsache, das man es so oder so sehen kann. Unterschiedliche Sichtweisen sind hier eine Tatsache auf nächsthöherer Ebene. Die Bereitschaft zur Akzeptanz der Tatsache unterschiedlicher Sichtweisen markiert die Grenze, den Beginn, die „Wurzel"[14] dieses neuen Denkstils.

Die empirische Grenze zwischen unklarem anfänglichem Schauen und entwickeltem unmittelbarem Gestaltsehen ist die Bereitschaft für gerichtetes Wahrnehmen. Sie bildet

---

[11] Zitiert aus: Fleck 121f
[12] Vgl. Fleck XXV
[13] Vgl. Fleck 85f

gleichsam die Wurzel eines jeden Denkstils. Gestaltsehen ist „reine Denkstilangelegenheit"[15] des Denkkollektivs und wird von diesem gleichsam als „Widerständigkeit gegen willkürliches, gestaltloses Schauen erfahren"[16] Diese darin liegende mögliche Nötigung bezeichnet Fleck als Denkzwang.

Das unmittelbare Gestaltsehen ist bei Fleck nur nach praktisch-theoretischer Einführung in ein Gebiet und nach eigener gemachter Erfahrung möglich. „Erst für den Eingeweihten und denjenigen, der die Fähigkeit praktisch erworben hat, gibt es so etwas wie das Beobachten im wissenschaftlichen Sinn."[17] Damit wird durch Fleck die wesentlich kollektive Verfassung der Forschung aufgezeigt und über die gängige individualistische Fassung hinausgeführt.[18]

Dieser soziale Entwicklungsstrang soll nun weiter verfolgt werden, da er eine weitere Grenze, die hier als soziale Grenze des Denkstils bezeichnet wird markiert.

Der Vorgang des Erkennens ist nicht nur eine Beziehung zwischen Erkennendem und Zu-Erkennendem, zwischen Individuum und Gegenstand, sondern bedarf auch des jeweiligen Wissensbestandes, da vorraussetzungsloses Betrachten laut Fleck nicht möglich ist. So entsteht eine Wechselwirkung zwischen Erkennen und Erkanntem: „bereits Erkanntes beeinflusst die Art und Weise neuen Erkennens, das Erkennen erweitert, erneuert, gibt frischen Sinn dem Erkannten. Deshalb ist das Erkennen kein individueller Prozess eines theoretischen ‚Bewusstseins überhaupt'; es ist Ergebnis sozialer Tätigkeit, da der jeweilige Erkenntnisstand die einem Individuum gezogenen Grenzen überschreitet."[19]

Hier ist die soziale Grenze benannt, als begrenzte Fähigkeit, den jeweiligen bestimmten Wissensbestand als Individuum in Gänze zu erfassen. Auf der anderen Seite der Grenze befindet sich das Denkkollektiv, „als Gemeinschaft der Menschen(...)so besitzen wir in ihm den Träger(...)eines bestimmten Wissensbestandes(...)also eines besonderen Denkstiles."[20] Diese Grenze kann vom Individuum überschritten werden. Dazu bedarf es der praktisch-theoretischen Einführung, der Einweihung in den Denkstil, gemachter

---

[14] Vgl. Fleck XXVI
[15] Vgl. Fleck XXVI
[16] Zitiert aus: ebd.
[17] Zitiert aus: ebd.
[18] Vgl. ebd.
[19] Zitiert aus: Fleck 54
[20] Zitiert aus: ebd.

Erfahrungen und des Erwerbs der praktischen Fähigkeit des Beobachtens im wissenschaftlichen Sinn, der Entwicklung der Fähigkeit des unmittelbaren Gestaltsehens und damit der Bereitschaft des gerichteten Wahrnehmens.

Ohne ein Überschreiten der empirischen Grenze ist das Überschreiten der sozialen Grenze nicht möglich, d.h. ohne die Bereitschaft des gerichteten Wahrnehmens im Sinne des entsprechenden Denkstils keine Aufnahme ins entsprechende Denkkollektiv.

Neben der sozialen Bedingtheit des bestimmten Wissensbestandes ist auch seine historische zu betrachten und auf Grenzen hin zu überprüfen.

Entwicklung bedingt Historie. Fleck ist ein Verfechter des Entwicklungsgedankens.[21] Seine Untersuchung der Genese des Syphilis-Begriffs zeigt diesen als ein geschichtlich gewachsenes Produkt. Trotz anderer Zielstellung setzt sich im Laufe der Arbeit ein uralter Wunsch durch: der Nachweis des „verdorbenen" Blutes des Syphilitikers. „Wissenschaftliche Konzeptionen beruhen eben nicht nur auf den Beobachtungen des empirischen Materials, sondern ebenso auf Ideen, deren Genese weit in die Vergangenheit zurückreicht."[22] Fleck führt hier den Begriff der Präidee ein. Zur Beschreibung der geschichtlichen Entwicklung der Denkstile und ihrer Personengemeinschaft in den Denkkollektiven benutzt er Begriffe aus der Darwinschen Evolutionstheorie.[23] Aus dieser holistischen Position heraus zieht er eine Grenze, die hier als geschichtliche Grenze des Denkstils bezeichnet wird. Theorien und Ideen werden nicht mehr als wahr oder falsch eingestuft. Mit Überschreitung der Grenze wird eher von passend oder unpassend gesprochen. Grenzziehung ist die Systemfähigkeit.[24] Ausgehend von der Idee der Ganzheit eines Systems, eines Geflechts, einer Gestalt kann dann auch auf die Unterscheidung von passend oder unpassend verzichtet werden, da jedes aktive Entwicklungsmoment passive Veränderungsmomente innerhalb des ganzen Systems nach sich zieht und somit das ganze System verändert, bis die unpassende Verwirrung durch diese neue Entdeckung in ein passendes Gleichgewicht innerhalb des Denkstils gefunden hat und Tatsache geworden ist. Mit Überschreitung der Grenze der Systemfähigkeit ist die Tatsache der Überwindung der Einstufung in wahr und falsch erreicht. Wissen ist im stetigen Fluss. Es gewinnt und verliert an

---

[21] Vgl. Fleck XXXI
[22] Zitiert aus: ebd.
[23] Vgl. Fleck XXXII

Bedeutung, verändert sich ständig. Es wächst, um hinter jeder Antwort weitere Fragen[25] aufzuwerfen. „Jede empirische Entdeckung kann also als Denkstilergänzung, Denkstilentwicklung oder Denkstilumwandlung aufgefasst werden."[26] Jedes Mal entsteht ein Denkstil neu, „hier kann also nicht von einfacher Vermehrung des Wissens gesprochen werden"[27], bis „Alles" erkannt ist, auf eine Wahrheit hin. Ebenso wenig gibt es für Fleck „ein ‚Allerletztes', ein Fundamentales, aus dem sich die Erkenntnis logisch aufbauen ließe. Das Wissen ruht eben auf keinem Fundamente; das Getriebe der Ideen und Wahrheiten erhält sich nur durch fortwährende Bewegung und Wechselwirkung."[28] Unpassende Verwirrung bringt Neues hervor. Damit wird „der Bann der Harmonie der Täuschungen gebrochen und viele Entdeckungen (werden) erst möglich."[29] Eine Überschreitung dieser Grenze bedeutet, sich wieder in den Bereich des unklaren anfänglichen Schauens zu begeben, nicht im gerade erreichten Denkstil zu beharren und dem Bann der Harmonie der Täuschungen erlegen zu sein, sondern sich verwirren zu lassen, bis sich ganz unmittelbar eine neue Gestalt erschließt.

So führt das unklare anfängliche Schauen über die Grenze der Bereitschaft gerichtet wahrzunehmen hin zum unmittelbaren Gestaltsehen und damit dem Erwerb einer Fähigkeit die einführt und einweiht in den bestimmten Wissensbestand eines Denkkollektivs, bis deren in ihr angelegte Dynamik der Veränderlichkeit erneut die Grenzüberschreitung in ein nun wieder unklares anfängliches Schauen bedingt.

Bereitschaft, Fähigkeit und Veränderung/Flexibilität sind Merkmale die empirische, soziale und geschichtliche Grenzen von Denkstilen kennzeichnen. Sie sind ernst zu nehmen, da sie ständig überschritten werden können, ja überschritten werden müssen.

---

[24] Vgl. ebd.
[25] Vgl. Mittelstraß, Jürgen (2008): Was heisst „Grenzen des Wissens"? In: Peter Walde, Franta Kraus (Hg): An den Grenzen des Wissens. Zürich: vdf Hochschulverlag AG an der ETH Zürich
[26] Zitiert aus: Fleck 122
[27] Zitiert aus: Fleck 123
[28] Zitiert aus: Fleck 70
[29] Zitiert aus: Fleck 123

2.2 Die Frage der Säkularisierung

Säkularisierung wird hier als ein sozialer Prozess verstanden, der in der gerichteten Wahrnehmung als gegenläufig zur Sakralisierung gesehen wird. Dabei sind Säkularität und Sakralität Zustandsbeschreibungen ihrer Denkstile Vernunft und Religion, die zwei komplexe Wissensbestände der Moderne oder auch Geflechte, Strukturen, Muster komplexer Beziehungen in dieser Zeit abbilden. Diese werden in ihrer Gestalt als Relationalität bezeichnet.

So wird Säkularisierung vom Denkkollektiv der Religion her als ihr eigener Bedeutungsverlust erfahren und vonseiten des Denkkollektivs der Vernunft her als ihr eigener Bedeutungsgewinn. Sakralisierung wird dann genau gegenläufig erfahren. Diese Erfahrungen lassen sich begrifflich als sozialer Wandel fassen, was ganz der Veränderlichkeit der Denkstile entspricht, die in ihnen angelegt ist, in dem Streben die Fragen beantworten zu können, die neue Erkenntnisse und neues Wissen aufgeworfen haben. Diese Dynamik des Wandels bedarf der Bereitschaft, Fähigkeit und der Veränderung/Flexibilität an den Denkstilgrenzen.

Der Begriff der Säkularisierung „hat als Interpret für den Lauf der modernen Welt Karriere gemacht."[30] Die Zeitdiagnose von Jürgen Habermas von Oktober 2001 vollzieht mit der Einführung des Begriffs der „postsäkularen Gesellschaft" hiervon eine Abkehr.[31] Er spricht von einer „,entgleisenden' Säkularisierung der Gesellschaft"[32]. „Der empirische Befund einer neuen sozialen Antreffbarkeit von Religion mit einer enormen Streuungsbreite (...) macht hier Neubestimmungen von Ort und Funktion des Religiösen und seiner Zukunftschancen in spätmodernen Gesellschaften unausweichlich."[33] Er enthält sowohl „postreligiöse" als auch „postsäkulare" Anteile, die ein neues Gestaltsehen erforderlich machen, um „gegenläufige und einander widerstreitende Entwicklungen auf den Begriff"[34]- in die Gestalt- zu bringen.

Die neue soziale Antreffbarkeit von Religion führt in ein unklares anfängliches Schauen

---

[30] Zitiert aus: Höhn, Hans-Joachim (2007): Postsäkular. Gesellschaft im Umbruch- Religion im Wandel. Paderborn u.a.: Schöningh 9
[31] Vgl. Höhn 9f
[32] Zitiert aus: Habermas/Ratzinger 17
[33] Zitiert aus: Höhn 10

hinein an die empirische Grenze der Bereitschaft zu gerichtetem Wahrnehmen, d.h. dem Wahrnehmen beider Anteile des Befundes, bis sich daraus unmittelbar seine neue Gestalt erschließt. Ohne diese Bereitschaft „wird die alte Einseitigkeit des ‚klassischen' Säkularisierungstheorems lediglich ersetzt durch eine ebenso verengte Sichtweise auf die Rückkehr des Religiösen."[35] Es ist also zuvor notwendig nicht im Denkstil zu verharren, sondern diesen an der geschichtlichen Grenze der Veränderung verlassen zu haben. Dies gilt für die Vertreter beider Denkkollektive mit ihren komplexen Wissensbeständen, ihren Beziehungsgeflechten, ihren Relationalitäten. Gemeinsam, in Korrelationalität[36], besteht auf dem Wege der praktisch-theoretischen Einführung, der Einweihung und der selbst gemachten Erfahrungen die Möglichkeit die Fähigkeit zu erlangen, um die soziale Denkstilgrenze hin zu einem neuen Denkstil zu überschreiten. Es ist also notwendig diese Grenzen zu kennen, sie ernst zu nehmen und zu überschreiten. So kann auch die Frage der Säkularisierung als Frage des sozialen Wandels der Gesellschaft, als „entgleisende" Säkularisierung, auf der Grundlage des empirischen Befundes betrachtet werden, bis die neue Gestalt der „postsäkularen Gesellschaft" unmittelbar gesehen wird.

2.3 Die Notwendigkeit der Korrelationalität

Nach der Herausarbeitung der Denkstilgrenzen, der Grenzen der komplexen Wissensbestände, dieser Grenzen des Wissens auf der Ebene der Betrachtungsart von Ludwik Fleck und seiner Lehre vom Denkstil und Denkkollektiv soll nun auf der Ebene des Betrachtungsgegenstandes überprüft werden, ob Jürgen Habermas und Joseph Ratzinger in ihrem Diskurs über die Dialektik der Säkularisierung[37] diese Grenzen erkennen und ernst nehmen und ob dabei möglicherweise etwas Neues entsteht, ein neuer Denkstil, deren Gestalt sich unmittelbar zeigt.

Ludwik Fleck hat die hier in der Einleitung aufgestellte These mit seinen Worten so

---

[34] Zitiert aus: ebd.
[35] Zitiert aus: ebd.
[36] Vgl. Habermas/Ratzinger 56f
[37] Vgl. Habermas, Jürgen / Ratzinger, Joseph (2011,8.Auflage): Dialektik der Säkularisierung. Über Vernunft und Religion. Freiburg Basel Wien: Herder

formuliert: „Ein Denkkollektiv ist immer dann vorhanden, wenn zwei oder mehrere Menschen Gedanken austauschen. Ein schlechter Beobachter, wer nicht bemerkt, wie anregendes Gespräch zweier Personen bald den Zustand herbeiführt, dass jede von ihnen Gedanken äußert, die sie allein oder in anderer Gesellschaft nicht zu produzieren imstande wäre. Eine besondere Stimmung stellt sich ein, der keiner der Teilnehmer sonst habhaft wird, die aber fast immer wiederkehrt, so oft beide Personen zusammenkommen. Längere Dauer dieses Zustandes erzeugt aus gemeinsamen Verständnis und gegenseitigen Missverständnissen ein Denkgebilde, das keinem der Zwei angehört, aber durchaus nicht sinnlos ist. Wer ist sein Träger und Verfasser? Das kleine zweipersonale Kollektiv. Kommt ein Dritter hinzu, so macht er die frühere Stimmung verschwinden und mit ihr die besondere schöpferische Kraft des früheren Denkkollektives; ein neues entsteht."[38]

Zunächst zu den Gedankengängen von Habermas[39] und dann zu denen von Ratzinger[40]. Habermas geht der Frage nach, ob der freiheitlich, säkularisierte Staat angesichts einer „entgleisenden Säkularisierung der Gesellschaft"[41] weiterhin aus der Quelle der Solidarität ihrer Staatsbürger schöpfen kann, um daraus Motivation zur Erneuerung seiner eigenen normativen Bestandsvoraussetzungen zu ziehen oder ob er nicht auf „autochthone weltanschauliche oder religiöse, jedenfalls kollektiv verbindliche ethische Überlieferungen angewiesen ist."[42] Und ob infolge eines gänzlichen Versiegens „die Gebildeten unter den Verteidigern der Religion daraus gewissermaßen einen ‚Mehrwert' schöpfen."[43] Er attestiert eine zerknirschte und ambivalente Moderne[44], der die Säkularisierung entgleist und der sich „im Hinblick auf postsäkulare Gesellschaften"[45] die „Frage, ob sich eine ambivalente Moderne allein aus säkularen Kräften einer kommunikativen Vernunft stabilisieren wird(...)als eine offene empirische Frage"[46] stellen sollte. Die Gestalt der geradlinigen Säkaririsierung in der Moderne ist

---

[38] Zitiert aus : Fleck 60
[39] Vgl. Habermas/Ratzinger 15-37
[40] Vgl. Habermas/Ratzinger 39-60
[41] Zitiert aus : Habermas/Ratzinger 17
[42] Zitiert aus : Habermas/Ratzinger 16
[43] Zitiert aus : Habermas/Ratzinger 17
[44] Vgl. Habermas/Ratzinger 27f
[45] Zitiert aus : Habermas/Ratzinger 17
[46] Zitiert aus : Habermas/Ratzinger 28

zerbrochen. „Geraume Zeit bestimmte ein lineares Verständnis von wissenschaftlich-technischem Fortschritt, von ökonomischem Wachstum und politischer Selbstbestimmung die Selbstdeutungsmuster moderner Gesellschaften.(...) Der Lauf der Welt hat diese Erwartung nicht bestätigt. Das 20. Jahrhundert ist zum Säkulum der Extreme geworden."[47] Gleichgewicht und Gleichförmigkeit sind verlorengegangen, da etwas Neues entsteht. Das unmittelbare Gestaltsehen ist hinter seiner Grenze wieder zum unklaren anfänglichen Schauen geworden. Es gibt „ein ‚hin und her' von Utopien und Apokalypsen, ein ‚auf und ab' von Hoffnungen und Enttäuschungen"[48]. Die Wahrnehmung geht willkürlich hin und her. Es bedarf einer neuen Grenzüberschreitung der empirischen Grenze, der sozialen und der geschichtlichen Grenze des Denkstils. Habermas hat diese Grenzen erkannt: „Stattdessen werde ich vorschlagen, die kulturelle und gesellschaftliche Säkularisierung als einen doppelten Lernprozess zu verstehen, der die Traditionen der Aufklärung ebenso wie die religiösen Lehren zur Reflexion auf ihre jeweiligen Grenzen nötigt."[49] Und er nimmt sie ernst: „Damit möchte ich das Phänomen des Fortbestehens der Religion in einer sich weiterhin säkularisierenden Umgebung nicht als bloße soziale Tatsache ins Spiel bringen. Die Philosophie muss dieses Phänomen auch gleichsam von innen her als eine kognitive Herausforderung ernst nehmen."[50] Habermas appelliert an die Lernbereitschaft der Philosophie[51] gegenüber der Religion und umgekehrt, sich gegenseitig einzuführen und einzuweihen, eigene Erfahrungen zu machen, die soziale Grenze zu überschreiten, um gemeinsam die Fähigkeit des gerichteten Wahrnehmens einer sich unmittelbar erschließenden Gestalt zu erwerben. Er appelliert an die Bereitschaft postsäkulare Gesellschaften als offene empirische Fragestellung[52] zu behandeln, die empirische Grenze zu überschreiten, sich einzulassen und bereit zu sein deren Gestalt durch gerichtete Wahrnehmung unmittelbar zu sehen. Und er schafft unpassende Verwirrung, Verstörung[53], indem er den Bann der Harmonie der Täuschungen durchbricht und damit Flexibilität und Veränderung

---

[47] Zitiert aus : Höhn 13
[48] Zitiert aus : ebd.
[49] Zitiert aus : Habermas/Ratzinger 17
[50] Zitiert aus : Habermas/Ratzinger 28
[51] Vgl. Habermas/Ratzinger 31ff
[52] Vgl. Habermas/Ratzinger 28
[53] Vgl. Habermas/Ratzinger 7

herausfordert.[54]: „Eine liberale politische Kultur kann sogar von den säkularisierten Bürgern erwarten, dass sie sich an den Anstrengungen beteiligen, relevante Beiträge aus der religiösen in eine öffentlich zugängliche Sprache zu übersetzen"[55] ‚um damit die geschichtliche Grenze zu überschreiten.

Nun zu den Gedankengängen von Joseph Ratzinger. Ratzinger geht der Frage nach, was angesichts eines beschleunigten Tempos geschichtlicher Entwicklung die Welt weiterhin zusammenhalten kann. Dabei sind ihm zwei Faktoren auffällig: eine sich mehr und mehr berührende und durchdringende Weltgesellschaft ‚die gegenseitig aufeinander verwiesen ist und die Entwicklung ungeahnter Möglichkeiten des Machens und Zerstörens, die dem Menschen gegeben sind, eine Macht, die der rechtlichen und sittlichen Kontrolle bedarf.[56] „So ist die Frage von hoher Dringlichkeit, wie die sich begegnenden Kulturen ethische Grundlagen finden können, die ihr Miteinander auf den rechten Weg führen und eine gemeinsam rechtlich verantwortete Gestalt der Bändigung und Ordnung der Macht aufbauen können."[57] Hier spricht er der Demokratie „die angemessenste Form politischer Ordnung"[58] zu. Allerdings können auch Mehrheitsentscheidungen blind und ungerecht sein, so dass nach den ethischen Grundlagen des Rechts weiterhin zu fragen ist. Diese sind in den verschiedenen Menschenrechterklärungen formuliert, jedoch keineswegs in allen Kulturen anerkannt.[59] Zudem lassen die neuen Formen menschlicher Machtausübung auf den Gebieten des Machens und Zerstörens Religion und Vernunft grenzgängig erscheinen. So wirft terroristisches Verhalten zur Verteidigung religiöser Tradition unmittelbar die Frage auf „ist dann Religion eine heilende und rettende, oder nicht eher eine archaische und gefährliche Macht, die falsche Universalismen aufbaut und dadurch zu Intoleranz und Terror verleitet? Muss da nicht Religion unter das Kuratel der Vernunft gestellt und sorgsam eingegrenzt werden ?"[60] Auch die mit der Möglichkeit Menschen sozusagen im Reagenzglas produzieren zu können vorhandene Versuchung, nun erst den rechten Menschen zu konstruieren, führt Religion und Vernunft an Grenzen. „So muss nun der

[54] Vgl. Habermas/Ratzinger 34ff
[55] Zitiert aus : Habermas/Ratzinger 36
[56] Vgl. Habermas/Ratzinger 40
[57] Zitiert aus : Habermas/Ratzinger 40
[58] Zitiert aus : Habermas/Ratzinger 43
[59] Vgl. Habermas/Ratzinger 43f
[60] Zitiert aus : Habermas/Ratzinger 46f

13

Zweifel an der Verlässlichkeit der Vernunft aufsteigen. Schließlich ist ja auch die Atombombe ein Produkt der Vernunft; schließlich sind Menschenzüchtung und – selektion von der Vernunft ersonnen worden. Müsste also jetzt nicht umgekehrt die Vernunft unter Aufsicht gestellt werden?"[61] Hier hat Ratzinger die bekannten Denkstile von Religion einerseits und Vernunft andererseits im Blick. Er hat aber auch noch eine neue sich unmittelbar erschließende Gestalt im Blick, eine „gemeinsame rechtlich verantwortete Gestalt der Bändigung und Ordnung der Macht"[62]: „sollten vielleicht Religion und Vernunft sich gegenseitig begrenzen"[63]? Hier ist er „in weitgehender Übereinstimmung mit dem, was Jürgen Habermas über eine postsäkulare Gesellschaft, über die Lernbereitschaft und die Selbstbegrenzung nach beiden Seiten hin ausgeführt hat."[64] Somit kann an dieser Stelle festgehalten werden, dass auch Ratzinger die Denkstilgrenzen kennt, ernst nimmt und ebenfalls dazu appelliert, diese zu überschreiten. Diesem gemeinsamen Denkstil, „dieser Lernbereitschaft, dieser Korrelationalität"[65] erschließt sich dann unmittelbar etwas Neues, eine Gestalt, die Ratzinger so bezeichnet: „Ich würde demgemäß von einer notwendigen Korrelationalität von Vernunft und Glaube, Vernunft und Religion sprechen, die zu gegenseitiger Reinigung und Heilung berufen sind und sich gegenseitig brauchen und das gegenseitig anerkennen müssen."[66] Sein Appell zur Überschreitung erkannter und ernstgenommener Denkstilgrenzen.

Angesichts der Weltgesellschaft und ihrer sich begegnenden Kulturen geht er mit seinen Gedankengängen über die westliche Kultur mit ihren beiden Hauptpartnern dem christlichen Glauben und der westlichen säkularen Rationalität über die Denkstilgrenzen noch weiter als Habermas hinaus und bezieht den islamischen Kulturraum, die indische Kultur mit den Räumen des Hinduismus und des Buddhismus, die Stammeskulturen Afrikas und Lateinamerikas mit ein[67], in die Gestalt „wahrer Korrelationalität auch mit diesen Kulturen"[68] und nennt es „den Versuch einer polyphonen Korrelation(...)so dass ein universaler Prozess der Reinigungen wachsen kann, in dem letztlich die von allen

---

[61] Zitiert aus : Habermas/Ratzinger 47f
[62] Zitiert aus : Habermas/Ratzinger 40
[63] Zitiert aus : Habermas/Ratzinger 48
[64] Zitiert aus : Habermas/Ratzinger 56
[65] Zitiert aus : Habermas/Ratzinger 56
[66] Zitiert aus : Habermas/Ratzinger 57
[67] Vgl. Habermas/Ratzinger 53ff

Menschen irgendwie gekannten oder geahnten wesentlichen Werte und Normen neue Leuchtkraft gewinnen können, so dass wieder zu wirksamer Kraft in der Menschheit kommen kann, was die Welt zusammenhält."[69]

Anhand dieser Überprüfung hat sich die einleitend aufgestellte These bestätigt und die Frage nach den Denkstilgrenzen und ihrem Umgang konnte beantwortet werden.

3 Ausschau

Das Vorhandensein der empirischen, sozialen und geschichtlichen Denkstilgrenzen bedingt Bereitschaft, Fähigkeit und Veränderung/Flexibilität in der Wahrnehmung, um diese Grenzen erkennen, ernstnehmen und überschreiten zu können.

Mit jeder Grenzüberschreitung entsteht ein neuer Denkstil. Willkürliches Schauen und unwillkürliches Sehen beschreiben diesen dynamischen Prozess, der von dem Streben nach Wissenschaft und Erkenntnis bestimmt ist, jedoch nicht über das Wissen und Erkennen hinauskommt und so seine Dynamik beibehält.

Die Untersuchung zu den Denkstilgrenzen hat gezeigt, das diese dynamische Beziehung von willkürlichem Schauen und unwillkürlichem Sehen einen kreisförmigen, ja einen spiralförmigen Verlauf hat. Hermeneutisch kann dieser Prozess so verstanden werden, wie er erstmalig mit der These vom Hermeneutischen Zirkel von Friedrich Ast beschrieben worden ist[70].

Die Untersuchung hat weiterhin gezeigt, dass unwillkürliches Sehen, das Gestaltsehen, auch mehrere Gestalten zeigen kann, es aber von der Blickrichtung abhängt, welche Gestalt gerade gesehen wird und eine Festlegung der Richtung die vorhandene „Widersprüchlichkeit" aus dem Blick geraten lässt. Die Akzeptanz der Tatsache mehrerer Gestalten, sprich damit auch mehrerer Tatsachen, schlägt die Wurzel für einen Denkstil auf höherer Ebene.

Auch der Diskurs den Habermas und Ratzinger geführt haben hat nicht an Dynamik verloren. Dem Zweierdenkkollektiv haben sich Dritte angeschlossen und damit den Denkstil verändert, neue Denkstile geschaffen, neue Gestalten unmittelbar gesehen.

Einen Gestaltvorschlag für die „postsäkulare Gesellschaft" die Habermas attestiert hat

---

[68] Zitiert aus: Habermas/Ratzinger 57
[69] Zitiert aus: Habermas/Ratzinger 57f
[70] Vgl. Ast, Friedrich (1808): Grundlinien der Grammatik. Hermeneutik und Kritik. Landshut 179f

macht Hans-Joachim Höhn[71] indem er sich in das Denkkollektiv Habermas, Ratzinger einreiht, darauf Bezug nimmt und eigene Gedankengänge fortführt. Dem Befund sowohl mit seinen „postreligiösen" als auch mit seinen „postsäkularen" Anteilen Rechnung tragend, erschließt sich für ihn unmittelbar das „Profil einer Theorie religiöser Dispersion"[72], einer Zerstreuung des Religiösen, dass außerhalb religiöser Institutionen weiter fortbesteht.

Für den Autor, der sich in das Denkkollektiv Habermas, Ratzinger, Höhn einreiht, darauf Bezug nimmt und eigene Gedankengänge auf der Grundlage empirischer Beobachtungen im Praktikum[73] fortführt, erschließt sich daraus unmittelbar die Gestalt eines neuen Denkstils: Kirche geht zu den <Menschen> gehen nicht zur Kirche. Hier ist die Bewegung eines Nachgehens und eines Mitgehens von Christenmenschen mit allen Menschen gemeint. Kirche ist hier das Bild der Gemeinschaft von Christenmenschen und <Menschen> verkörpern die Weltgesellschaft, als Gemeinschaft aller Kulturen. Der empirische Befund während des Praktikums bei „Kirche am Urlaubsort" belegt anhand von Besucherzahlen die im Denkstil des Autors formulierte These und bestätigt eindrucksvoll diese Bewegungsrichtung.

Hier sind weitere wissenschaftliche Untersuchungen notwendig, auch über das Arbeitsfeld von „Kirche am Urlaubsort" hinaus. Dazu bedarf es allerdings weiterer mutiger Bewegungen in Richtung des Nachgehens und Mitgehens von Kirche mit Menschen hin zu den Orten, an denen sie sich aufhalten, zu denen sie sich bewegen. Ein einladendes weites Öffnen von Kirchentüren erwartet ein Bewegen in die falsche Richtung. Auch ein Abholen der Menschen von dort, wo sie sind impliziert dasselbe. Umkehr und Richtungsänderung bedeutet, mit der Harmonie der Täuschungen zu brechen, unklares anfängliches Schauen zuzulassen, die Bereitschaft zu neuer Wahrnehmung mitzubringen und die Grenze zu überschreiten, an der sich unmittelbar eine neue Gestalt erschließt.

---

[71] Vgl. Höhn, Hans-Joachim (2007): Postsäkular. Gesellschaft im Umbruch- Religion im Wandel. Paderborn u.a.: Schöningh
[72] Vgl. Höhn 33ff

4 Literaturverzeichnis

Anschütz, Jörg (2012): Praktikumsbericht. Kirche am Urlaubsort. unveröffentlicht

Ast, Friedrich (1808): Grundlinien der Grammatik. Hermeneutik und Kritik. Landshut

Fleck, Ludwik (1980): Entstehung und Entwicklung einer wissenschaftlichen Tatsache. In: Lothar Schäfer und Thomas Schnelle (Hg):StW 312. Frankfurt am Main: Suhrkamp

Habermas, Jürgen / Ratzinger, Joseph (2011,8.Auflage): Dialektik der Säkularisierung. Über Vernunft und Religion. Freiburg Basel Wien: Herder

Höhn, Hans-Joachim (2007): Postsäkular. Gesellschaft im Umbruch- Religion im Wandel. Paderborn u.a.: Schöningh

Mittelstraß, Jürgen (2008): Was heisst „Grenzen des Wissens"? In: Peter Walde, Franta Kraus (Hg): An den Grenzen des Wissens. Zürich: vdf Hochschulverlag AG an der ETH Zürich

---

[73] Vgl. Anschütz, Jörg (2012): Praktikumsbericht. Kirche am Urlaubsort. 7,14

Eigenständigkeitserklärung:

Hiermit versichere ich, dass ich die vorliegende Arbeit selbstständig verfasst und keine anderen als die angegebenen Hilfsmittel benutzt habe. Die Stellen der Arbeit, die dem Wortlaut oder dem Sinn nach anderen Werken (auch elektronischen Ressourcen) entnommen worden sind, wurden in jedem Einzelfall durch die Angabe der Quelle als Entlehnung von mir kenntlich gemacht.

Halle, 20.03.2012   Jörg Anschütz

Ort/Datum   Unterschrift

Herstellung und Verlag:
BoD-Books on Demand, Norderstedt
ISBN: 978-3-8482-5163-6